AF260067

SECONDE PARTIE DE L'APPENDICE

A LA

DESCRIPTION HISTORIQUE ET ARCHÉOLOGIQUE

DE LAUTERBOURG

AVEC

DES NOTES EXPLICATIVES ET HISTORIQUES

PAR

J. BENTZ

DE LAUTERBOURG

STRASBOURG

TYPOGRAPHIE DE G. SILBERMANN, PLACE SAINT-THOMAS, 8

1867

SECONDE PARTIE DE L'APPENDICE

A LA

DESCRIPTION HISTORIQUE ET ARCHÉOLOGIQUE

DE LAUTERBOURG

AVEC

DES NOTES EXPLICATIVES ET HISTORIQUES

PAR

J. BENTZ

DE LAUTERBOURG

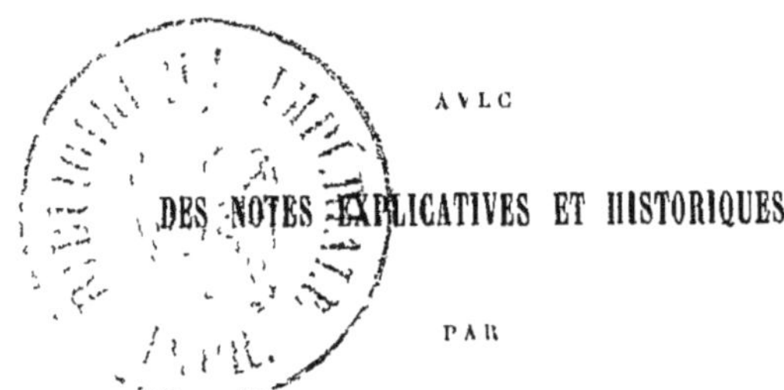

STRASBOURG

TYPOGRAPHIE DE G. SILBERMANN, PLACE SAINT-THOMAS, 3

1867

AU LECTEUR.

Quelques mots sur la seconde partie de l'*Appendice à la description de Lauterbourg*. Cette partie, comme la première, est écrite en vers descriptifs; les notes qui les accompagnent sont longues; mais elles expliquent et complètent le texte souvent insuffisant et donnent en même temps le précis de l'histoire.

Nous ne croyons pas avoir fait de digression; car les notes. se rapportant à notre sujet, rectifient plusieurs passages de notre description principale.

Nous avons ajouté à la fin une dissertation sur les forts Concordia et Tribuni, qu'on lira peut-être avec intérêt.

Il reste à publier la troisième et dernière livraison de l'*Appendice* qui formera le complément de la *Description de Lauterbourg* depuis la Révolution française jusqu'à nos jours.

DE LAUTERBOURG

VERCINGÉTORIX (Suite).

Mais Rome en t'immolant [1] éternisa ta gloire,
Et lâchement souilla sa pénible victoire.
Ton courage éprouvé par de cruels malheurs,
Le déplorable sort de ta patrie en pleurs [2],
Sa liberté proscrite, et ta douleur profonde
Tel qu'un souffle divin vont ranimer le monde.
Fille de Gallia, la France, par sa voix,
De dix-neuf siècles veut rajeunir tes exploits [3].

[1] *Mais Rome en t'immolant....* C'est le dernier vers de la première partie, publiée en 1864, de l'*Appendice à la description de Lauterbourg*.

[2] *Le déplorable sort de ta patrie en pleurs*. Après la reddition d'Alise, tous les prisonniers de guerre ont été livrés comme esclaves, à titre de butin, aux soldats de César. Il y eut encore quelques soulèvements, qui furent rapidement comprimés, et dont le dernier avait éclaté à *Uxellodunum* (le Querci-Lot). César, devenu maître de cette place, fit couper les mains à tous ceux qui avaient porté les armes contre lui, et les renvoya, mutilés d'une manière aussi barbare, pour attester le châtiment réservé aux autres cités qui songeraient encore à leur indépendance (César, *Commentaires*, *De bello Gallico*, lib. VIII, XLIV). Toute la Gaule était dans la désolation et dans l'effroi.

[3] *De dix-neuf siècles veut rajeunir les exploits*. La Faculté des lettres de Mâcon (Saône-et-Loire) a proposé, vers la fin de 1864, un prix à décerner à l'auteur qui composerait la meilleure pièce de vers sur les actions héroïques de Vercingétorix, et la ville de Mâcon a voté l'érection

Quant à nous , notre verve est trop peu poétique,
O Vercingétorix , et la muse lyrique ,
A ta gloire attachée, insensible au pardon ,
Repousserait nos vers peu dignes de ton nom.
Un plus vaste génie et maître de Pégase ,
Portera tes hauts faits au sommet du Parnasse.

LES GAULOIS SOUS LES ROMAINS.

I.

La Gaule comprenait un grand nombre d'États [1],
Chacun avait ses chefs, ses lois et ses soldats.
Les Gaulois n'étaient point un peuple aborigène [2],

d'un monument à l'immortel chef des Gaulois. Lorsque nous avons publié, au commencement de 1864 , la première livraison de l'*Appendice*, nous ignorions les préparatifs auxquels se livrait Mâcon pour faire revivre la gloire du vainqueur de Gergovie, que la France semblait avoir oublié ; et ce n'est qu'après la reprise de notre composition que nous avons appris, aver un plaisir extrême, l'inauguration de sa statue sur une des places publiques de Mâcon.

[1] *Un grand nombre d'États*. La Gaule comptait à l'arrivée des Romains plusieurs centaines de tribus. Le grand morcellement de ce pays et surtout les rivalités incessantes des peuples qui l'occupaient ont donné un avantage immense à Jules César pour le subjuguer. Chaque État ou Cité avait son gouvernement propre, indépendant, ainsi que sa Constitution civile et militaire. La Cité se composait ordinairement d'une ville capitale et d'autres villes ou villages situés sur une étendue de territoire quelquefois peu vaste. Pour une partie des États le gouvernement tenait de la démocratie et de l'aristocratie ; il était monarchique dans quelques États ; dans d'autres, la Constitution était un mélange d'aristocratie et d'oligarchie. Il y avait même des Cités sans gouvernement permanent , les tribus, vivant au milieu de leurs forêts de chênes, ne s'assemblaient pour élire des chefs que dans les circonstances critiques.

Nous avons dit (p. 5, note 3, 1re partie) que toutes les Gaules étaient divisées en trois contrées principales : l'Aquitaine, la Celtique (devenue la Lyonnaise) et la Belgique ; mais la Narbonaise, sous Auguste , en a formé la quatrième partie ; cette vaste province appartenait déjà aux Romains 50 ans avant la conquête par César de la Gaule entière.

[2] *Un peuple aborigène* D'après Ammien Marcellin (lib. XV), les peuples

Ni dans tous les États d'origine certaine[1] ;
De langue ils différaient[2] ; mais leur religion[3]
Confondit les tribus en une nation.

primitifs de la Gaule centrale portaient le nom d'*Aborigènes;* ils prétendaient tenir leur origine du pays même ; mais ces populations premières ont fait fusion complète avec des peuples nombreux arrivés, à une époque fort reculée avant notre ère, de l'Orient à travers la Germanie, sous le nom de *Celtes (Celtœ),* et sous celui de *Galls* ou *Gaëls (Gaulois),* pour s'établir dans la Gaule centrale qui a pris d'eux le nom de *celtique.* Ils s'appelaient eux-mêmes *Celtes* dans leur langue, nom qui est de la plus haute antiquité; les Romains leur donnaient le nom de *Galli* (Gaulois); ils étaient nommés *Galates* par les Grecs.

[1] *D'origine certaine.* Les tribus des Gaules ne formaient point un peuple homogène ; elles sont bien classées par l'histoire sous le nom générique de *Celtes* ou *Gaulois;* mais elles sont de races différentes et d'origine douteuse Nous avons vu à la note précédente quels étaient les Gaulois de la Celtique; quant à ceux de la Gaule méridionale, connus sous le nom d'*Aquitains* et sous celui de *Ligures,* on croit qu'ils étaient *Ibériens* d'origine, au milieu desquels étaient venues se fixer des colonies de Phéniciens. Marseille doit sa fondation, vers l'an 600 avant Jésus-Christ, à une colonie grecque phocéenne. La nation des Belges ou *Kymris,* au nord, paraît s'être formée des émigrations de la Germanie. Les Médiomatriciens (voy. la note 1, p. 9) appartenaient à la famille belge-kymrique.

[2] *De langue ils différaient.* Le langage n'était pas uniforme dans toute l'étendue des Gaules ; les tribus du midi et les tribus du nord avaient respectivement conservé leur idiome ibérique ou germain, qu'elles ont peu à peu modifié à leur manière et selon les circonstances par suite des relations avec le centre de la Gaule et les peuples voisins, et de la volonté de dominateurs étrangers qui leur avaient imposé leur langue. Dans la Gaule centrale on parlait le véritable celte ; il était répandu dans les contrées les plus lointaines en Europe et en Asie, où les Gaulois avaient établi des colonies. De nos jours nous retrouvons encore dans le dialecte parlé en Bretagne des restes de langue celtique.

[3] *Mais leur religion.* L'ascendant religieux exercé par les Druides sur toutes les tribus de la Gaule, quoique divisées entre elles par leur organisation politique, les avait pourtant réunies en une famille, en une nation, dont les divers gouvernements, comme les peuples, étaient dominés par l'influence de ces ministres de la religion gauloise (voy. les notes 2 et 3, p. 6, et note 1re, p. 11, 1re partie). Tout l'ordre des Druides était soumis à un chef institué à vie et dont l'autorité était absolue (*His autem omnibus Druidibus prœest unus qui summam inter eos habet auctoritatem,* César, *Comment., De bello Gallico,* lib. VI, XIII). La théocratie, sous forme barbare et mi-sauvage, régnait sur la nation gau-

Des cités la discorde enflait la politique[1],
De leurs forces rompait la valeur numérique,
Et, de la Gaule entière empêchant l'unité,
Détruisit son salut et sa sécurité.

II.

En ces temps d'excès, où des peuples la manie
Follement les poussait à changer de patrie,
Les Triboques[2] quittant d'outre-Rhin leurs vallons,
Sur le sol de Brocmag[3] bâtirent leurs maisons.
Les Gaulois se bornaient à peu de résistance,
Avec eux les Germains bientôt font alliance.

loise; chefs et peuple tremblaient devant le pouvoir formidable des
Druides. Ceux-ci appelèrent plus d'une fois les Gaulois aux armes au nom
de la patrie et des dieux, mais ce fut trop tard, la Gaule était déjà vain-
cue par César, et ils succombèrent dans la suite sous les persécutions
que les empereurs romains ordonnèrent contre eux et leur culte san-
guinaire.

[1] *Des cités la discorde enflait la politique.* Toutes les cités gauloises
avaient chacune leur politique particulière. Elles se harcelaient récipro-
quement en cherchant les unes à avoir la domination sur les autres. Ce
n'étaient que rivalités et guerres continuelles entre elles. Les Gaulois,
nombreux, braves et pleins d'audace, auraient pu devenir une des na-
tions les plus florissantes du monde ancien, s'ils eussent été unis.

[2] *Les Triboques.* Les migrations étaient devenues pour les peuples anciens une passion portée à l'excès. La seule soif des conquêtes et du
pillage excitait leur ambition plutôt que la gloire; mais à en croire quelques auteurs qui ont écrit sur l'Alsace, notamment Laguille, les Triboques ne seraient pas venus en vainqueurs dans le pays des Médiomatriciens; ils s'y seraient fixés tranquillement, sans obstacle de la part
de ces derniers, en se faisant volontairement Gaulois comme eux, et en
acceptant, sans réserve, la Constitution, les lois et les mœurs gauloises
(voy. la *Description de Lauterbourg*, p. 7).

[3] *Sur le sol de Brocmag.* Du temps des Celtes Brocmag était le nom
gaulois de Brumath moderne; cette localité devint une ville très-consi-
dérable sous les Romains (*Brocomagus*) et fut la capitale des Triboques
Schœpflin lui-même y découvrit, en 1736, un cippe milliaire, soit une
colonne de pierre, érigée, d'après l'inscription qu'elle portait, en l'honneur de l'empereur Valérien, par la Cité des Triboques (*Civitas Tribo-
corum*)

Dès ce moment on vit Médiomatriciens [1]
Et Triboques unis par d'intimes liens.
Désormais à l'abri d'attaques étrangères,
Protégés des Romains, qui les traitaient en frères [2],
Ces peuples fatigués de vivre dans les camps,
Volontiers se prêtaient à cultiver leurs champs.
Mais braves à la guerre, actifs à la charrue,
Leur réputation s'est justement accrue ;
Et Rome généreuse admit dans son Sénat [3]
Maint Gaulois ennobli d'une action d'éclat.
De son aigle souvent la victoire arrêtée,
Par les soldats gaulois soudain fut remportée ;
Et, sous le joug romain, par leur puissant essor,
De l'empire du monde ils décidaient encor [4].

[1] *Médiomatriciens.* Lorsque Jules César poursuivait la conquête des Gaules, les Médiomatriciens occupèrent la Basse-Alsace ; mais plus tard les Nemètes, germains comme les Triboques, à l'exemple de ces derniers, refoulèrent les Médiomatriciens loin des bords du Rhin, à l'intérieur de leurs possessions, vers Metz, et s'emparèrent de leur territoire le long de ce fleuve, depuis la rivière appelée la *Seltzbach*, qu'on croit avoir été l'antique limite entre les Triboques et les Nemètes, jusqu'au delà de Spire (*Noviomagus Nemetum*), sur les confins des Vangions. Dès lors Lauterbourg se trouvait dans le pays des Nemètes, où Ammien Marcellin a placé les forts romains de Concordia et de Tribuni.

[2] *Qui les traitaient en frères.* Antoninus Bassianus, surnommé *Caracalla*, empereur romain, accorda, vers l'an 215, le droit de citoyen romain à tous les habitants de l'Alsace.

[3] *Et Rome généreuse admit dans son Sénat.* Il faut rendre cette justice aux Romains qu'en réparation de leurs atrocités et de leurs exactions exercées en Gaule, ils récompensèrent noblement le courage et la fidélité des Gaulois attachés à leurs intérêts. Jules César d'abord, ensuite les empereurs romains ont appelé un grand nombre de Gaulois de mérite à siéger dans le Sénat, et les ont même revêtus des plus hautes fonctions civiles et militaires de l'empire

[4] *De l'empire du monde ils décidaient encor.* Les légions recrutées dans les Gaules ont donné la victoire à César sur Pompée ; tous les compétiteurs de l'empire pour lesquels elles combattaient ont obtenu le succès, et Constantin-le-Grand a vaincu ses ennemis avec des soldats gaulois (voy. *Hist des Gaulois et des Francs*, par M Ansart fils et M. Ambroise Rendu)

La Gaule cependant, ô la vaine espérance,
Ne recouvra jamais l'antique indépendance [1],
Démembrée, exploitée et sans moyens d'agir,
Aux empereurs romains elle dut obéir,
Et ne changea de sort que pour changer de maître ;
Sous un nom glorieux [2], nous la verrons renaître

III.

De Rome le destin avait compté les jours,
Et son règne bientôt finira pour toujours.
Déjà vers les confins les Barbares s'avancent [3],
A des tigres pareils sur les villes s'élancent ;

[1] *Ne recouvra jamais l'antique indépendance.* Nous faisons cependant observer que sous le règne de Gallien, l'an 261 de notre ère, la Gaule s'est détachée de l'empire romain pour reprendre son indépendance. Posthumius, général et gouverneur des Gaules, fut proclamé empereur et appelé le *Restaurateur des Gaules* Son pouvoir s'étendait également sur la Grande-Bretagne, faisant cause commune avec la Gaule, et sur l'Espagne. Il mourut assassiné après sept années d'un règne glorieux. Victorinus, l'un de ses successeurs, ne régna que pendant deux ans et fut aussi assassiné. Tetricus, le dernier des Césars gaulois, après avoir tenu les rênes du gouvernement pendant quatre ans, remit le commandement de l'armée à l'empereur Aurélien, qui, en 273, rétablit enfin l'intégrité de l'empire romain, après treize années environ de séparation de la Gaule.

[2] *Sous un nom glorieux* (voy. la note 4, p. 8, 1re partie).

[3] *Les Barbares s'avancent.* Les incursions des Barbares dans la Gaule avaient, dès la conquête de ce pays, inquiété les Romains. Drusus fit bâtir des forts sur le Rhin pour contenir les Germains dans leurs courses aventureuses, et éviter à la Gaule les dévastations que ces peuples avides de pillage ne cessaient d'y exercer. Les empereurs romains, entre autres Claude, Aurélien, Probus, ont employé toute leur énergie pour les refouler au delà des frontières de la Gaule. Mais, sous le règne d'Honorius, époque de la décadence de l'empire d'Occident, l'invasion des Barbares devint générale ; en 407, les Suèves, les Vandales, les Alains, les Burgondes se précipitèrent sur la Gaule et la ruinèrent totalement, après eux vinrent les Alémans ou Alamans, qui occupèrent jusqu'en 496, époque de l'établissement des Francs, l'Alsace, Spire et Worms, c'est-à-dire tout le pays le long de la rive gauche du Rhin, à partir de Bâle jusqu'à Mayence.

Vainement des Romains un succès glorieux
Arrêtait quelque temps le torrent furieux [1] ;
Il ne rompit pas moins la trop faible barrière,
De son flot destructeur couvrant la Gaule entière.
Rome même aux abois [2], emportée à son tour,
Des Barbares subit le désastreux séjour ;
Et l'empire, attaqué dans sa frêle existence,
A défaut d'union expirait d'impuissance.

[1] *Le torrent furieux.* Toutes les victoires remportées par les Romains sur les Barbares n'ont pas empêché la Gaule de devenir enfin la proie de ces tribus étrangères qui s'y livraient à tous les désordres. Pour comble de malheur, Attila vint, en 451, fondre sur elle, mettant tout à feu et à sang. Aetius, patrice des Romains, soutenu par les Francs et les Visigoths, s'opposa à la marche d'Attila et le battit dans les plaines de Châlons-sur-Marne. Cependant cette victoire était loin de rétablir l'autorité des Romains dans les Gaules, où ils ne possédaient plus que quelques cités, qu'ils défendaient à peine, et que nous verrons tout à l'heure devenir l'héritage de Clovis.

Attila avait passé par l'Alsace, où il pilla et brûla les villes et les villages à peine relevés de leurs cendres ; cette province, à son retour, était une seconde fois abandonnée à la fureur de ce barbare, qui ne laissa derrière lui que ruine et désolation. Lauterbourg fut au nombre des villes détruites.

[2] *Rome même aux abois.* Lors de la grande invasion, Rome ne pouvait pas venir au secours de la Gaule ; l'Italie avait été elle-même en proie à plusieurs attaques de la part d'Alaric, roi des Visigoths, qui réussit à prendre d'assaut Rome, qu'il livra au pillage en 410. Ses dissensions intestines hâtèrent sa chute ; à l'instigation de l'impératrice Eudoxie, Genséric, roi des Vandales, marcha sur Rome, prit la ville et en fit le sac en 455. Enfin Odoacre, roi des Hérules, déposa, en 476, Romulus-Augustulus, le dernier des empereurs romains, et prit le titre de roi d'Italie. Ainsi tomba l'empire d'Occident, 1230 ans après la fondation de Rome et 506 ans depuis la fin de la République.

LES FRANCS.

I.

Vers ce temps-là marqué par l'ordre du destin,
Où la Gaule attendait un changement prochain,   [gic,
Les Francs[1], peuples guerriers, fiers et pleins d'éner-
Enfants libres des bois de l'âpre Germanie,
Dans leur lutte restés contre Rome vainqueurs,
De la Gaule belgique étaient les possesseurs.
Leur empire naissant s'affermit de leur gloire,
Contre Attila[2] Châlons atteste leur victoire.
Le chaos de la Gaule ouvrit à leur dessein
D'étendre leur conquête un rapide chemin.
Clovis parut à temps[3], et, par son seul courage,
De la Gaule espéra faire son héritage.

[1] *Les Francs, peuples guerriers.* Les Francs n'étaient pas une nation homogène; ils formaient une Confédération de différentes peuplades ger·maniques établies entre le Rhin, le Mein et le Weser, et faisaient, comme les Alémans et autres peuples de ce temps, des expéditions loin de leurs pays en vue de conquêtes. Probus, en 277, extermina un grand nombre de Francs qui, avec d'autres Barbares, avaient pris et pillé soixante-dix villes gauloises. Julien battit des Francs qui incendiaient les villes entre le Rhin et la Meuse. Les empereurs romains, de guerre lasse, leur accordèrent des concessions de territoire en la Gaule. Deux tribus sont spécialement connues sous les noms de *Francs Ripuaires* et de *Francs Saliens.* On voit ces derniers, sous Clodion, leur roi, vaincre les Romains qui occupaient Cambrai, s'emparer de cette ville vers 445, et conquérir le pays jusqu'à la Somme.

[2] *Contre Attila.* Les Francs, conduits par Mérovée, successeur de Clo-dion en 448, se sont particulièrement distingués à la grande bataille de Châlons. Déjà la nuit qui précédait cette bataille, pendant que les ar-mées ennemies s'approchaient l'une de l'autre, les Francs ayant rencon-tré un corps nombreux de l'armée d'Attila (les Gépides, commandés pai Ardaric), en tuèrent 15,000 hommes

[3] *Clovis parut à temps* Clovis, fils de Childeric, à peine âgé de seize

Ce prince, encor très-jeune, actif, entreprenant,
Fait contre les Romains son premier mouvement [1];
Il les joint, les défait, et vers Soissons s'avance,
Leur détruisant en Gaule un reste de puissance.

Clovis de sa conquête a pris possession,
Elle affermit son règne, elle illustra son nom;
Mais Dieu lui réservait, après dix ans d'attente,
Contre les Alémans une palme étonnante.
C'était à Tolbiac [2]. Déjà les Francs pliaient,
En vain il haranguait ses soldats, qui fuyaient.

ans, fut élevé sur le pavois à une époque (481) où les circonstances coïncidaient favorablement pour lui assurer la conquête qu'il méditait. Les troubles de la Gaule n'étaient pas encore apaisés, les peuples étrangers établis dans ce pays se livraient au pillage et étendaient à l'envi leurs possessions, l'empire d'Occident était détruit, et la Gaule romaine ne comprenait plus que quatre des anciennes provinces : Soissons, Troyes, Châlons-sur-Marne et Reims; elles étaient gouvernées par le patrice romain Syagrius, qui avait pris le titre de roi.

[1] *Son premier mouvement.* Le jeune Clovis, élu depuis cinq ans par les Francs Saliens pour leur chef, plein d'ardeur pour le combat, marcha contre Syagrius, auquel il livra bataille à quelques lieues de Soissons, sa capitale. Les Romains ont été vaincus et poursuivis jusqu'à Soissons, qui fut pris et devint pour lors la capitale des Francs Saliens. Le résultat de cette bataille, livrée en l'an 486, était pour Clovis la conquête des quatre provinces restées au pouvoir de Syagrius, et la destruction pour toujours de la puissance romaine dans les Gaules.

[2] *C'était à Tolbiac.* La victoire de Clovis à Tolbiac paraît miraculeuse Nous rapportons les faits purement et simplement tels que l'histoire les indique, sans nous préoccuper de prodige. Clovis, appelé au secours des Francs Ripuaires, est allé combattre les Alémans du Rhin, qui faisaient des incursions dans leur pays. Les armées ennemies en vinrent aux mains dans la plaine de Tolbiac, à huit lieues de Cologne; le combat était sanglant des deux côtés, lorsque Clovis, voyant tout à coup plier ses soldats, leva, dans le désespoir, ses mains au ciel, et, invoquant le Dieu des chrétiens, que Clotilde sa femme, adorait, fit vœu de se faire baptiser s'il restait vainqueur. Les paroles de Clovis firent une grande impression sur ses officiers et soldats qui les avaient entendues; ils reprirent courage, se rallièrent tous à sa voix, retournèrent au combat, enfoncèrent les ennemis et les mirent en fuite. Cette bataille se livra en

Clovis, au désespoir, à haute voix s'écrie :
Dieu des chrétiens, fais-moi vaincre, en toi je me fie.
Il ramène aussitôt ses guerriers au combat,
Défait les Alémans et soumet leur État.
A son serment fidèle, il reçoit le baptême [1],
Qui d'un éclat nouveau couvrait son diadème.
Clovis, intéressé dans leur religion,
Aux chrétiens accorda haute protection.
Son zèle lui gagna l'Église catholique [2],
Et de *Roi très-chrétien* [3] le titre honorifique.
Les Burgondes soumis, vainqueur des Visigoths [4],
De son siècle il était la gloire et le héros.

496 ; les Alémans y perdirent leur liberté et leurs possessions. Plus tard, pour s'arrondir, Clovis se rendit également maître des États des Francs Ripuaires, et d'autres petits royaumes voisins, dont il avait fait mettre à mort ou tué de sa propre main les souverains. Il tua même plusieurs de ses plus proches parents. On voit que ce prince n'a pas été sans défauts ; mais la gloire couvrit ces atroces cruautés.

[1] *Il reçoit le baptême.* L'année même de sa victoire à Tolbiac, à la fête de Noel, Clovis fut baptisé avec toute sa famille par Saint-Rémi, archevêque de Rheims.

[2] *L'Église catholique* La conversion de Clovis au christianisme lui valut l'amitié et l'alliance de tous les évêques catholiques, comme elle hâta la soumission de toutes les populations catholiques du centre et de l'ouest de la Gaule.

[3] *Et de « roi très-chrétien. »* C'est le pape saint Anastase II qui accorda ce titre à Clovis, avec celui de *Fils aîné de l'Église.*

[4] *Les Burgondes soumis, vainqueur des Visigoths* Après la grande invasion des Barbares en Gaule, les Burgondes ou Bourguignons et les Visigoths y formèrent des royaumes, qui existaient encore au temps de Clovis. Tous ces peuples étaient sectateurs d'Arius. Clovis avait en horreur l'*arianisme*, et de plus il était conquérant ; la religion et l'ambition étaient à la fois son mobile. Il prit la défense des évêques catholiques opprimés par Gondebaud, roi des Burgondes, partisan d'Arius, qu'il vainquit en l'an 500, auprès de Dijon, et qu'il obligea à se reconnaître tributaire. Sept années plus tard (507), Clovis fit la guerre à Alaric, roi des Visigoths, qui était aussi arien ; et à la sanglante bataille dite « de *Vouillé,* » près de Poitiers il tua de sa main Alaric, dont il s'empara de la presque totalité des États en Gaule.

Il érigea la Gaule en monarchie égale [1],
Dont *France* fut le nom, *Paris*, la capitale ;
Mais, sous ses successeurs, la féodalité
De l'empire bientôt absorba l'unité.

ORIGINE DU COMTÉ DE LAUTERBOURG.

LES BURGRAVES, LEUR CHATEAU.

I.

Les rois francs concédaient des domaines immenses [2],
A leurs leudes devant servir de récompenses ;
Bénéfices d'abord, fiefs ensuite nommés,
En duchés et comtés [3] ils furent transformés.

[1] *Monarchie égale.* Clovis, par ses victoires, devenu maître de la Gaule presque tout entière, conserva l'unité politique et le commandement souverain de son empire. Il restaura la Gaule, qui désormais s'appela *France*, et résida à Paris, qu'il avait choisi pour sa capitale, où il mourut à l'âge de quarante-cinq ans, après un règne glorieux de trente ans Clovis est regardé, à juste titre, comme le fondateur de la monarchie française.

[2] *Les rois francs concédaient des domaines immenses.* Les rois, les chefs puissants, possesseurs de terres considérables, payèrent les services de leurs Leudes, compagnons ou fidèles, avec des domaines appelés *bénéfices*, qu'ils leur cédèrent à titre de jouissance viagère, exempts d'impôts, sauf le service militaire. La création des bénéfices était un acheminement à la féodalité ; le traité d'Andelot (587) les rendit généralement héréditaires dans les familles, et à partir de cette époque le système féodal s'établissait. On substitua plus tard le nom de fief à celui de bénéfice ; le possesseur du fief était le vassal de celui dont il le tenait, qui s'appelait le suzerain.

[3] *Duchés et comtés.* Les fiefs ont été érigés en duchés, comtés, baronies, dont les seigneurs féodaux prenaient le titre selon l'ordre auquel appartenait le fief, qu'ils gouvernaient en véritables souverains. La France eut autant de souverainetés que de fiefs importants

Telle s'explique aussi du comté l'origine [1]
Que formaient Lauterbourg et sa terre voisine.
Nous empruntons en outre à la tradition [2]
Que, lors des premiers temps de sa formation,
Ce comté fut soumis à de puissants Burgraves [3],
Fiers de porter son nom, tous despotes [4], mais braves,
Dont l'un, dit-on, était du château fondateur [5]
Que Lauterbourg présente au regard scrutateur.
Ce manoir féodal, tombé tout en ruines,
Autrefois défendu par ses tours et courtines,
Idole de son temps, n'est plus qu'un triste clos [6],
Et, dans ses murs pourris, l'abri de passereaux.

[1] *Du comté l'origine.* Nous ne connaissons aucun titre, aucun document authentique qui établisse l'origine du comté de Lauterbourg. La création de ce fief remonte probablement à Dagobert II (674-679), lorsque le Sudgau ou Sundgau s'étant formé de la Haute-Alsace, et le Nordgau de la Basse-Alsace, ces pays ont été subdivisés en petits districts ou cantons (Gauc) dont le gouvernement était confié à des comtes.

[2] *A la tradition.* Ce n'est que traditionnellement qu'on sait que la ville et le château de Lauterbourg, ainsi que leurs dépendances territoriales, formaient ensemble un comté, qui, avec l'Alsace dont il faisait partie, relevait dans le principe du duché d'Alémanie, et plus tard du duché particulier d'Alsace détachée de l'Alémanie.

[3] *Burgraves.* La tradition nous apprend encore que le comté de Lauterbourg fut gouverné par des Burgraves (comtes). Le titre de burgrave n'est pas proprement l'équivalent de celui de comte; un comte avait plus d'autorité, de juridiction et une administration territoriale plus étendue qu'un Burgrave; mais en raison de son importance le burgraviat de Lauterbourg a été assimilé à un comté.

[4] *Despotes.* Le gouvernement des Burgraves était un despotisme affreux; à en croire la légende, il se trouvait sur la place du château un gibet, où l'accusé était pendu sans être entendu dans ses défenses et sans aucune forme de procédure.

[5] On attribue la fondation du château de Lauterbourg à l'un des burgraves; elle remonte, d'après toutes les probabilités, au commencement du onzième siècle, où le mur et les tours ont été élevés autour de la ville haute. Selon la tradition, le château aurait été construit sur des restes de ruines de l'ancien fort romain (Concordia, Tribuni), qu'il ne faut pas confondre avec le château féodal des burgraves (voy. la *Description de Lauterbourg*, p. 105).

[6] *Triste clos.* De nos jours le château n'est plus qu'une ruine; on en

Vers cette époque en tout pour la guerre formée,
De murs flanqués de tours la ville est enfermée [1] ;
Rasés [2] avec fureur, de leurs débris épars [3]
Ils soutiennent encor l'escarpe des remparts.

Des Burgraves en vain nous recherchons la race [4],
Dans l'histoire leurs noms ne laissent point de trace.
Pourtant seul d'entre tous le dernier est connu [5],

voit encore les courtines percées de meurtrières ; et les murs, en épaisse maçonnerie de briques qui tombent de vétusté, renferment des jardins et un vaste emplacement affecté à un bûcher. Tout le clos fait partie des fortifications de la ville ; on y a démoli, en 1860, un reste de la tour qui existait à l'angle ouest et portait sur le linteau d'un soupirail le millésime de 1580. Cette année indiquait la construction ou plutôt la réparation de la tour. Le château était autrefois fortifié par trois tours, qui ont donné naissance aux armoiries de la ville représentant trois tours jaunes en champ d'azur.

[1] *La ville est enfermée.* Le mur d'enceinte et les tours de la haute ville (Concordia, Tribuni) ont été élevés au commencement du onzième siècle ; une date bien conservée, l'année 1001, gravée sur le socle de la statue de la sainte Vierge (patronne de la ville) qui est placée au-dessous du cadran de l'horloge du Mittelthurm, vers l'est, atteste l'authenticité de ces constructions. Le mur d'enceinte et les tours de la basse ville n'ont été bâtis qu'au milieu du treizième siècle (1246-1250).

[2] *Rasés.* Pendant la guerre de la succession d'Espagne, les Autrichiens envahirent l'Alsace, et, à cette occasion, Lauterbourg ayant été pris et repris plusieurs fois, fut bombardé en 1705 ; les Français renversèrent, en 1706, les murs et les tours qu'ils avaient laissé subsister lors du grand incendie de la ville en 1678.

[3] *Débris épars.* Nous voyons encore aujourd'hui autour de Lauterbourg les débris du mur d'enceinte qui était crénelé et fortifié par quinze tours ; après sa destruction les Français construisirent, de 1706 à 1728, les fortifications qui existent actuellement (voy. la *Description de Lauterbourg*, p. 156).

[4] *La race.* La dynastie des Burgraves (comtes) est inconnue ; il est très-vraisemblable qu'ils n'étaient pas magistrats seulement ; mais que le comté, comme fief, était héréditaire dans leur famille. Leur origine était sans doute franque ; lors du partage de la monarchie de Charlemagne, en 870, l'Alsace, dont le comté dépendait, ayant été réunie à l'empire germanique, les Burgraves ont subi le sort de cette province, et sont ainsi devenus Allemands.

[5] *Le dernier est connu.* Une mention historique du dernier des comtes

Un acte de félon [1] sans retour l'a perdu.

Il périt, combattant pour la cause d'un traître,

Contre l'autorité de son souverain maître.

Markedo fut son nom [2]. Sa malheureuse mort

Ne devait apaiser la rigueur de son sort.

Pour punir le forfait, même dans sa famille,

Guillaume, l'empereur, en fief donna la ville,

Le château, le comté, les droits en provenant

A l'évêché de Spire [3], aussitôt acceptant»

Tels nous sont rapportés les termes par l'histoire

Qui, dès ce temps, devient pour Lauterbourg notoire.

de Lauterbourg est évidemment la seule preuve sur laquelle l'opinion s'est fondée que cette ville et ses dépendances avaient jadis formé un comté.

[1] *Un acte de félon.* Le dernier des comtes de Lauterbourg prit part, en 1234, à la révolte du prince Henri, roi des Romains, contre son père l'empereur Frédéric II, et fut tué dans la bataille que l'année suivante le prince Henri livra au marquis de Bade resté fidèle à Frédéric.

[2] *Markedo fut son nom.* Markedo, comte de Lauterbourg, le seul et le dernier des comtes de Lauterbourg que l'histoire nous fait connaître.

[3] *A l'évêché de Spire.* Ce fut en 1254 que Guillaume de Hollande, empereur des Romains, roi de Germanie, donna, en fief, Lauterbourg, ville et château à l'église de Spire (*Phil. Simonis in histor episcopor Spirens.*, p. 96). Schœpflin ne connaît point de témoignage plus ancien de ce fait (voy. la traduction de Schœpflin, par L W. Ravenez, t. IV, p. 401). Cette concession féodale emportait celle de tout le comté, villes, villages, hameaux, la forêt dite Bienwald (*silva apiarica*), en généra tous les domaines qui en dépendaient Elle a été sanctionnée dans un diplôme de l'empereur Charles IV, daté de 1366.

LES PRINCES-ÉVÊQUES DE SPIRE.

I.

Les évêques parfois résidaient au château [1] ;
Leur avénement fut un régime nouveau [2].
Aux villes on accorde immunités, franchises [3],
Les arts et les métiers, en corps, ont leurs maîtrises [4],
Par des chartes ces droits sont donnés et réglés,
Les magistrats élus [5], leurs pouvoirs démêlés.
Lauterbourg fut longtemps soumis à ce régime,
Et sans plainte paya grande et petite dîme [6],

[1] *Résidaient au château.* Les évêques de Spire sont devenus les seigneurs de Lauterbourg; ils ont porté à des époques successives les titres de princes-évêques, de prévôts de la prévôté princière de Wissembourg, de princes du Saint-Empire etc. Leur résidence ordinaire était à Spire, ils habitaient de temps à autre le château de Lauterbourg; Rodolphe de Frankenstein y est mort en 1560; en dernier lieu la résidence favorite des princes-évêques de Spire était au château de Bruchsal (grand-duché de Bade).

[2] *Régime nouveau.* Sous les princes-évêques de Spire Lauterbourg et les communes qui en dépendaient ont été divisés en bailliages supérieur et inférieur, dont la juridiction appartenait au grand bailli de Lauterbourg (voy. la *Description de Lauterbourg*, p. 48).

[3] *Immunités, franchises.* Les droits, immunités, franchises et priviléges ont été accordés à la ville de Lauterbourg par l'empereur Guillaume, en vertu de sa charte de 1254, lorsqu'il concédait le comté à l'évêché de Spire, pour tempérer l'autorité des nouveaux seigneurs (voy. la *Description de Lauterbourg*, p. 75).

[4] *Maîtrises.* Les corporations des métiers étaient un progrès pour l'industrie naissante; mais elles ont été abolies en 1789, parce qu'elles s'opposaient à la concurrence et qu'elles arrêtaient ainsi le libre exercice des arts et professions.

[5] *Les magistrats élus.* Ce n'était plus la continuation du gouvernement despotique des comtes; la ville avait une administration municipale, que la bourgeoisie élisait elle-même dans son sein ; l'Anwald en était le président (voy. la *Description de Lauterbourg*, p. 58, où nous avons indiqué les noms du corps du magistrat, des Bourgmestres et des principaux fonctionnaires de la ville depuis trois siècles environ).

[6] La *dîme* était un impôt énorme, extrêmement onéreux et vexatoire, qui fut aboli en 1789

Lorsqu'à la France même il était réuni [1]
Et qu'à titre de fief il fut encor régi.
Par la réunion (la paix de Westphalie)
Lauterbourg recouvra sa première patrie [2] ;
Mais, plus tard seulement, un cri de liberté
Abolit à jamais la féodalité [3].
De la Seine parti, ce cri de renaissance
Du peuple proclamait la juste indépendance ;
La France accomplissait sa révolution
Qui de tous les Français fit une nation.

[1] *Lorsqu'à la France même il était réuni.* Par le traité de paix signé à Münster et à Osnabrück, le 24 octobre 1648, appelé la *Paix de Westphalie*, l'Alsace, dont Lauterbourg faisait partie, fut réunie à la France ; mais les seigneurs, sous la souveraineté du roi de France, ont conservé le gouvernement et tous les droits féodaux de leurs possessions territoriales dans cette province jusqu'à la Révolution française. Lauterbourg, à l'égard des princes-évêques de Spire, est donc resté dans les mêmes conditions comme avant l'annexion.

[2] *Sa première patrie.* En 1648 Lauterbourg est redevenu français ; il l'était déjà avant le partage de la monarchie de Charlemagne, en 870.

[3] *Abolit à jamais la féodalité.* Enfin, ce fut dans la nuit mémorable du 4 août 1789 que l'Assemblée nationale abolit le système féodal, les droits seigneuriaux, les priviléges de la noblesse et du clergé, les dîmes, les corvées, les corporations et maîtrises. L'année suivante la France fut divisée en départements ; la Basse-Alsace forma le département du Bas-Rhin ; à ce département furent réunies les possessions du prince-évêque de Spire, enclavées dans son territoire (voy. la protestation du prince-évêque de Spire, p. 67 de la *Description de Lauterbourg*).

Ce n'est donc qu'à partir de 1790 que Lauterbourg appartient en réalité à la grande famille française, à laquelle cette ville est inviolablement attachée d'esprit et de cœur. Elle a depuis fourni à la patrie un grand nombre de soldats, dont plusieurs, par leur mérite, se sont élevés au rang d'officier. Nous distinguons avec honneur M. Weissenburger, colonel du 17e régiment d'infanterie de ligne.

CONCORDIA ET TRIBUNI.

Pour compléter autant que possible notre description de Lauterbourg, nous y ajoutons une exposition de l'opinion de Schœpflin et de celle de Schweighæuser sur les positions topographiques de Concordia et de Tribuni, que nous ferons suivre de remarques sur les contradictions qui existent entre ces deux auteurs.

Cependant, avant d'entrer en matière, nous faisons observer au lecteur qu'Ammien Marcellin est l'historien romain qui a parlé des forts Concordia et Tribuni. L'existence de Tribuni est citée la première fois par lui; le fort Concordia, qu'il mentionne en même temps, se trouve aussi désigné sur l'*Itinéraire* d'Antonin; Concordia a donc eu l'honneur d'une double mention, tandis que Tribuni est seulement nommé par Ammien. Ce dernier appelle simplement Concordia *Munimentum*, château-fort; Tribuni, dont il cite le nom seul, paraît avoir eu moins d'importance que Concordia. Les deux forts étaient situés à proximité l'un de l'autre dans le pays des Nemètes (voy. appendice, 1ᵉ livr., p. 9, note 2). L'*Itinéraire* d'Antonin place Concordia à peu près à moitié chemin, 18,000 ou 20,000 pas romains nord-est de Brocomagus (Brumath), et 20,000 pas sud-est de Noviomagus (Spire). Ammien a été amené à désigner les deux forts non pas comme sujet principal de son récit, mais pour donner la position du camp du roi Chnodomaire, qui l'avait établi près de Tribuni et de Concordia, « afin que, remontant sur ses bateaux, équipés pour les cas imprévus, il pût se retirer dans des retraites cachées » (traduction de Schœpflin, par M. L. W. Ravenèz, t. I, p. 572).

C'est relativement à la position du camp de Chnodomaire, et par conséquent des forts, que Schweighæuser est en contradiction avec Schœpflin.

Schœpflin, d'après Ammien, dit à l'article *Tribuni* (t. I, p. 572 de la traduction citée) que le camp de Chnodomaire « s'étendait dans une île du Rhin près de Tribuni; » à l'article *Concordia* (t. I, p. 582), il rapporte, suivant le même historien, que Chnodomaire, roi des Alémans, « avait placé son camp entre Tribuni et Concordia, deux forteresses romaines. » Schœpflin a suivi la dernière de ces deux indications, et, selon lui, le camp s'est étendu sur la rive gauche du Rhin, entre Tribuni, dont il a fait Lauterbourg, et Concordia, où il a placé Altstadt; mais ce camp était le plus rapproché de Lauterbourg, le Tribuni des anciens, et par conséquent du Rhin, où Chnodomaire avait fait préparer des bateaux pour sa retraite, en cas de revers.

Pour confirmer son opinion, l'auteur de l'*Alsatia illustrata* induit de l'*Itinéraire* d'Antonin, qui indique entre Strasbourg et Spire les stations de Brocomagus et de Concordia d'une part, et celles de Saletio (Seltz) et de Tabernæ (Rheinzabern) d'autre part, qu'il y avait deux routes de Strasbourg à Spire, l'une le long du Rhin, et l'autre plus à l'intérieur vers les montagnes; et comme la distance de Brocomagus à Concordia est à peu près celle portée sur l'*Itinéraire*, il conclut que Concordia ne peut être un autre lieu qu'Altstadt (vieille ville), des ruines duquel a surgi Wissembourg, et où l'on a découvert beaucoup d'objets d'antiquité romaine. Il croit enfin qu'il a dû exister le long de la Lauter une route conduisant de Concordia à Tribuni, dont il suppose que la place est occupée par Lauterbourg, où les habitants ont souvent trouvé des monnaies romaines de tous les métaux et de tous les modules, et que c'est là que Chnodomaire plaça son camp pour couper toute communication entre les deux forteresses romaines (même traduction, t. I, p. 584 .

Schweighæuser est d'une opinion tout à fait opposée; dans une dissertation insérée dans la traduction que nous venons de citer (t. I, p. 584), l'auteur des *Monuments de l'Alsace* constate que, selon Ammien Marcellin, le roi Chnodomaire avait établi *en face de* Concordia un camp de réserve, auprès duquel il avait fait préparer des bateaux pour sa retraite, et que ce camp se trouvait, non sur la rive gauche, comme l'indique Schœpflin, mais bien sur la rive droite du Rhin; qu'il est donc impossible d'admettre que la station romaine de Concordia fût à Altstadt, endroit éloigné de quatre lieues des bords du Rhin; mais qu'il faut en chercher la position à la proximité de ce fleuve, et dans la direction de la route indiquée tant par des traces matérielles que par la *Carte théodosienne*[1].

Quant à l'*Itinéraire* d'Antonin, Schweighæuser n'en tire pas les mêmes conclusions que Schœpflin, qui admet deux routes, tandis que Schweighæuser établit que l'on ne trouve aucune trace de la route dans la direction des montagnes, et que, con-

---

[1] L'itinéraire d'Antonin et la Carte théodosienne servaient de guides aux voyageurs; on présume que ces documents sont du quatrième siècle Ils indiquent les routes militaires, les places fortes, les gîtes, les stations, les relais, les campements des légions qui étaient échelonnées sur ces routes, et les distances qui les séparaient, ainsi que l'évaluation des distances d'un lieu a un autre; mais la carte ne s'accorde pas toujours avec l'itinéraire

formément à la *Carte théodosienne*, la route qui passait à Brocomagus se dirigeait de là sur Saletio. Il fait voir à l'article suivant
que tout concourt pour placer Concordia à Lauterbourg, et qu'il
est probable qu'un embranchement de cette route, qui se dirigeait vers ce fort sans passer à Seltz, a motivé l'indication des
stations diverses entre lesquelles les itinéraires donnent le choix.

« .....Une route romaine passait autrefois non loin de l'ancien
« village de Dürrenseebach et traversait ensuite la ville de Lau-
« terbourg. Le souvenir s'en est conservé dans les livres terriers
« et les anciens actes de vente, sous le nom de *Hochstrasse*,
« qu'on donne souvent aux routes romaines. Si à ces indications
« l'on ajoute qu'entre Kœnigsbruck et Seltz la route romaine,
« que chacun connaît, se jette brusquement à droite pour se di-
« riger vers cette ville, tandis que le prolongement de sa direc-
« tion première l'aurait conduite à Lauterbourg, il devient très-
« probable qu'un embranchement, dont les traces matérielles se
« sont effacées, suivait cette ligne droite et dispensait le voyageur
« de passer à Saletio ; d'un autre côté, les restes de la voie ro-
« maine de Seltz à Rheinzabern, qu'on voit encore dans les lieux
« où le terrain sur lequel elle était établie ne s'est pas éboulé,
« font juger qu'elle laissait Lauterbourg à quelques centaines de
« toises à l'occident. La ville occupe, à peu de distance du Rhin,
« une position élevée et très-militaire : on y a trouvé, tant autre-
« fois que de nos jours, un grand nombre de médailles antiques,
« dont quelques-unes furent déterrées sous une vieille tour ;
« enfin, M. Lambert, ancien juge de paix de Lauterbourg, a cru
« reconnaître, dans les caves de sa propre maison et des maisons
« attenantes, des fondations romaines. Toutes ces circonstances
« m'engagent à placer en ce lieu la station de Concordia ; et
« même, en n'admettant qu'une route unique, on pouvait,
« sans doute, pour aller de Strasbourg à Spire, s'arrêter à vo-
« lonté soit à Brumath et à Lauterbourg, soit à Seltz et à Rhein-
« zabern. »

Quant au fort de Tribuni ou Tribunci, Schweighæuser s'ex-
prime ainsi qu'il suit :

« Tout ce que l'on peut conclure des paroles d'Ammien sur sa
« position, est qu'il était voisin à la fois de Concordia et du
« Rhin. Parmi les endroits divers entre lesquels une indication
« aussi vague nous laisse dans l'incertitude, le village d'Au, situé
« vis-à-vis de Lauterbourg, sur la rive droite du Rhin, est celui
« en faveur duquel les monuments fournissent le plus de proba-
« bilités. Plusieurs autels représentant quatre divinités, placés

« aujourd'hui dans le cabinet d'antiquités formé auprès de la
« source des eaux minérales de Bade, étaient insérés autrefois
« dans les murs d'une chapelle de ce village. »

Observations sur les forts. La situation du camp de Chnodomaire sur la rive droite ou sur la rive gauche du Rhin est une
question essentielle, parce que la position de Concordia et celle
de Tribuni en dépendent; si ce camp s'est trouvé sur la rive
gauche, il pouvait s'étendre de l'est à l'ouest, par conséquent,
d'après Schœpflin, de Lauterbourg à Altstadt; s'il était situé sur
la rive droite du Rhin, il devait se prolonger de l'ouest à l'est, ou,
selon Schweighæuser, jusqu'au village d'Au, à présent une dépen-
dance du grand-duché de Bade et situé jadis sur une île du Rhin.
Schœpflin, dans les deux indications différentes qu'il donne d'après
Ammien, s'est écarté de celle qui place le camp sur une île du
Rhin, car entre Lauterbourg et Altstadt il n'y a point d'île.
Schweighæuser, ce nous semble, a mieux compris le texte de
l'auteur romain, en donnant à ce camp une situation en face de
Concordia, sur la rive droite du Rhin (car, dit-il, c'est très-arbi-
trairement que quelques éditeurs ont changé le mot de *tentoria*
en *territoria*).

De plus ce camp, d'après Ammien, était placé près de Concordia et de Tribuni, deux forts romains «dans le pays des Nemètes. » L'antique limite entre les Nemètes et les Triboques ad-
mise par Schweighæuser serait la Seltzbach ; Schœpflin est incer-
tain si ce fut cette rivière, ou bien la Lauter, ou même la Queich
qui formait la délimitation. Il est préférablement porté pour la
Queich; mais il oublie qu'en reculant la limite jusqu'à cette dernière rivière, il place les deux forts chez les Triboques, tandis
que par la Seltzbach les forts sont parfaitement compris dans les
possessions des Nemètes.

Cependant le récit de l'historien romain est très-vague et laisse
le champ libre à beaucoup de conjectures. Il ne rapporte pas,
par exemple, si les forts étaient occupés par des soldats romains.
Concordia, d'après Schœpflin, était le séjour de la XXIIᵉ légion;
ces soldats, et la forte garnison voisine de Saletio, sont-ils restés tranquilles spectateurs du passage de Chnodomaire? Ne se
sont-ils pas opposés à sa marche sur Argentorat? ou ces forts
n'étaient-ils pas gardés? ou bien Julien en avait-il rappelé les
garnisons pour renforcer son armée? Ammien était compris
sans doute de ses contemporains, qui connaissaient la disposition
du pays d'autrefois; il est devenu obscur pour la postérité; mais
eût-il jamais songé, en écrivant son histoire des guerres de Julien, que quinze siècles plus tard on s'en servirait encore pour

aller à cette recherche du camp de Chnodomaire, des forts Concordia et Tribuni et de leur garnison?

Avant Schœpflin et Schweighæuser, d'autres géopraphes avaient déjà recherché les positions de Concordia et de Tribuni. Beatus Rhenanus le premier a placé Concordia au Kochersberg, et Tribuni à Kirchheim, près de Marlenheim. Cluver a trouvé Concordia à Drusenheim et Tribuni à Stattmatten, positions qui semblent ne pas être dénuées d'un certain intérêt; mais les itinéraires s'opposent à cette situation, et si nous admettons la Seltzbach pour la limite des Nemètes, les deux forts se trouvent chez les Triboques. Cluver, prétendant toutefois que la Moder séparait les Triboques des Nemètes, aurait encore donné des emplacements à ces forts dans le pays de ces derniers. Schœpflin a réfuté l'opinion de Beatus Rhenanus et de Cluver (voy. la traduction de Schœpflin plus haut citée, t. I, p. 582).

Mais en présence des opinions que nous venons d'exposer, une nouvelle découverte nous frappe. C'est celle rapportée par M. le professeur Ohleyer (même traduction, t. I, p. 586) et faite par M. Mansuy sur un de ses champs sis à l'entrée de la vallée de Wissembourg, à gauche sur le chemin de Rott et sur le premier plateau. Outre un sarcophage, M. Mansuy trouva un parquet en briques, des monnaies romaines en or, en argent et en bronze. Une de ces mounaies a la forme d'un médaillon : d'un côté on voit Minerve avec une palme et les mots de *Mater Pacis Concordia*, de l'autre se trouve le Dieu de la guerre avec ses attributs. Deux ou trois grosses monnaies portent d'un côté une déesse avec le seul mot *Concordia*, et de l'autre une tête d'empereur ou de Faustina. M. Mansuy y a trouvé aussi les fondements d'une grosse tour circulaire.

On croirait, au premier abord, la position de Concordia résolue; mais, sans cependant trop nous hâter, nous estimons avec M. Ohleyer qu'il y aurait lieu, dans l'intérêt de l'histoire, de faire encore des fouilles dans cet endroit, pour arriver à un résultat qui ne laisserait plus de doute sur cette importante découverte.

La position du fort Tribuni voisin du Rhin et de Concordia est vaguement indiquée par Ammien; Schweighæuser, dans cette incertitude, lui assigne une place dans le village d'Au, situé vis-à-vis de Lauterbourg, sur la rive droite du Rhin. Cette situation d'un fort romain destiné à observer les mouvements des Barbares et à les repousser dans leurs incursions, nous paraît peu probable entre deux bras du Rhin, dans un bas-fond boisé et marécageux, d'où les Romains eux-mêmes auraient eu de la

peine à regagner la rive gauche du fleuve ; car Au était jadis , et
selon toute apparence , déjà du temps des Romains, une île sise
dans le Rhin. Il existe, à trois kilomètres à l'est de Lauterbourg,
le village de Berg qui, selon nous , remplirait mieux les conditions pour l'emplacement de Tribuni ; Berg est situé sur une
hauteur, sa position est militaire ; le camp de Chnodomaire, as-
sis en face de Concordia, pouvait s'étendre sur l'île jadis formée
entre Lauterbourg et Berg , car le Rhin touchait autrefois à la
hauteur du grand bassin anciennement appelé *Waag, Woog,
Heidenwoog* (voy. la *Description de Lauterbourg*, p. 149). On
prétend aussi qu'il y avait à Berg un fort romain , dont des restes
ont été découverts près du château des seigneurs de Bergen ou
Berg , lorsqu'en 1788 l'on construisit l'église de Berg sur l'emplacement de ce château. Or, en admettant la station de Concordia à Lauterbourg , nous croyons que , relativement aux monuments et à la situation, le village de Berg doit avoir sur celui
d'Au la préférence pour l'emplacement du fort romain Tribum
ou Tribunci.

Enfin il nous reste à faire une dernière observation sur les
deux forts qui nous occupent. Le fort Concordia du temps d'Ammien , vers la fin du quatrième siècle , n'a été appelé par lui que
Munimentum, château-fort ; il ne le mentionne ni comme place
forte, ni comme ville, ni comme bourgade. Tribuni était encore
plus petit que Concordia. Cependant déjà au milieu du cinquième
siècle (environ soixante ans plus tard seulement) la tradition
nous représente Lauterbourg comme une ville importante, qu'Attila aurait détruite en 451 ! Ammien n'aurait-il pas donné le titre
de ville à Concordia et à Tribuni, si ces châteaux-forts avaient
pris un pareil développement? On pourrait donc conclure du si-
lence de cet auteur, qu'à l'époque où il écrivait, Lauterbourg
était encore à l'état de néant ; que son existence, à la place qu'il
occupe (soit Concordia ou Tribuni, soit même toute autre origine), après s'être accrue peu à peu au commencement du moyen
âge, n'est devenue certaine que lors de la fondation du château
féodal, et qu'il a seulement acquis le titre de ville quand il fut
entouré de murs en l'année 1001 ; à moins que la tradition ne
l'emporte sur Ammien, dont le récit, concernant les deux forts,
est, comme nous l'avons déjà dit, entaché d'obscurité.

Observations sur les routes. Une route bien connue autrefois
sous le nom de *haute chaussée supérieure et inférieure (obere
und untere hohe Strasse)* traversait la ville de Lauterbourg ;
partant de la porte de Lauterbourg dite *Oberthor*, la haute
chaussée supérieure passait dans la banlieue de Scheibenhard,

touchait à celle de Dürrenseebach, se dirigeait à l'occident de Niederlauterbach sur les communes du bailliage supérieur de Lauterbourg, et menait enfin par Altenstadt à Wissembourg. La haute chaussée inférieure conduisait de la porte de Lauterbourg appelée *Unterthor* par la forêt du Bienwald à Rheinzabern, et par ses bifurcations dans les communes du bailliage inférieur de Lauterbourg.

C'est à la haute chaussée supérieure qu'il nomme *Hochstrasse* que Schweighæuser fait aboutir non loin de Dürrenseebach son embranchement ajouté à la route romaine de Brumath à Seltz, et qu'il suppose avoir pris naissance entre Seltz et Kœnigsbruck, en s'écartant de la voie romaine pour conduire directement à Concordia, sans toucher à Saletio. Nous croyons que cet embranchement n'a jamais existé ; car il est notoire que la haute chaussée supérieure n'avait pas une autre direction que celle que nous venons d'indiquer ; elle passait, il est vrai, à proximité de Dürrenseebach (village détruit en 1632 lors de la guerre suédoise et remplacé depuis par celui de Neewiller) ; mais de ce point elle ne laisse pas les moindres traces d'un prolongement jusqu'à Kœnigsbruck. Il est douteux si la haute chaussée supérieure fut une route romaine ; les restes qu'on en découvre encore aujourd'hui ne l'indiquent pas, elle est très-ancienne et était autrefois le chemin qui menait dans le bailliage supérieur de Lauterbourg jusqu'à Wissembourg.

Pour ce qui est de la voie romaine de Seltz à Rheinzabern, que Schweighæuser fait passer à quelques centaines de toises à l'occident de Lauterbourg, nous pensons qu'elle est entrée dans ce lieu même, où l'on présume qu'il y avait une garnison romaine qui dut être en communication directe avec la garnison voisine de Seltz, et il n'est pas vraisemblable que cette route ait frisé les portes de Concordia, sans y pénétrer. C'était du temps des Romains la seule voie qui conduisait à Concordia ; d'ailleurs quelle autre route aurait-on alors suivie pour aller de cette place à Seltz ou à Rheinzabern ? De Lauterbourg elle partait pour passer par une partie de la banlieue de Berg appelée *Reissig*, où de nos jours elle est parfaitement connue sous le nom de *Rœmerstrœssel*, traversait la forêt du Bienwald et se dirigeait en ligne droite sur Rheinzabern. Dans presque toute son étendue de Lauterbourg à Rheinzabern, elle longeait la haute chaussée inférieure, avec laquelle elle se confondait parfois.

Il est donc très-probable que sur la même route de Strasbourg à Spire se trouvaient les stations de Brocomagus et de Concordia, et celles de Saletio et de Tabernæ. Schweighæuser

n'a supposé son embranchement que pour expliquer les diffé-
rences des stations indiquées dans l'*Itinéraire* entre Argentorat
et Noviomagus, et l'omission de Concordia sur la *Carte théodosienne;* mais il reconnaît que, « même en n'admettant qu'une
« route unique, on pouvait, sans doute, pour aller de Strasbourg
« à Spire, s'arrêter à volonté soit à Brumath et à Lauterbourg,
« soit à Seltz et à Rheinzabern. » C'est aussi admettre implicite-
ment que la route romaine de Seltz à Rheinzabern pouvait entrer dans Lauterbourg.

Dans tout le parcours de cette route de Brumath à Seltz et à
Rheinzabern, on ne voit autant de Tumuli qu'à la proximité de
Niederrœdern, qui, d'après M. de Walckenaër, passe pour la
Rufiana de Ptolomée. Les recherches archéologiques dans ces
environs nous semblent ne pas avoir pris encore un caractère
sérieux d'investigation.

Ainsi qu'on l'a vu dans les observations qui précèdent, nous
avons argumenté d'après l'opinion de Schweighæuser, le célèbre
auteur des *Monuments de l'Alsace*, qui place Concordia à Lauterbourg; mais pour rester fidèle au principe adopté pour notre
description, nous devons maintenir le doute non encore levé sur
la position de ce fort et de Tribuni, en attendant que de nou-
velles découvertes nous tirent tôt ou tard de cette incertitude.